MARCHA CRIANÇA

1º ANO
ENSINO FUNDAMENTAL

LÍNGUA ESPANHOLA

Mirtha Daisy Debia Bustos
Natural do Uruguai, é bacharela licenciada em Letras – Português e Espanhol. É também bacharela em Literatura Espanhola, Portuguesa e Hispano-americana. Em 2004, concluiu o Curso de Especialização e Extensão em Fonética, Fonologia e Morfologia pela Pontifícia Universidade Católica de São Paulo (PUC-SP). É professora de Língua Espanhola desde 1995. Atualmente leciona na Escola Santa Marina, em São Paulo (SP).

Tânia Moraes Gaspar
É bacharela e licenciada em Língua Portuguesa e Língua Inglesa, com curso de complementação pedagógica pelo Instituto Metodista de Ensino Superior. Fez estágio de observação em salas de aula com crianças de 4 a 10 anos em Londres, na Tassis School. Nessa mesma cidade, cursou a Saint George School.

editora scipione

editora scipione

Presidência: Mario Ghio Júnior
Direção geral de Conteúdo e Operações: Wilson Troque
Direção editorial: Lidiane Vivaldini Olo
Gerência editorial: Viviane Carpegiani
Gestão de área: Tatiany Renó
Edição: Mariangela Secco (coord.), Renato Malkoo (coord.) e Caroline Zanelli
Planejamento e controle de produção: Flávio Matuguna, Juliana Batista, Felipe Nogueira e Juliana Gonçalves
Revisão: Hélia de Jesus Gonsaga (ger.), Kátia Scaff Marques (coord.), Rosângela Muricy (coord.), Ana Paula C. Malfa, Brenda T. M. Morais, Carlos Eduardo Sigrist, Daniela Lima, Diego Carbone, Luiz Gustavo Bazana, Malvina Tomáz, Paula T. de Jesus, Ricardo Miyake e Vanessa P. Santos
Arte: Claudio Faustino (gestão), Erika Tiemi Yamauchi (coord.), Karen Midori Fukunaga (edição de arte)
Iconografia e tratamento de imagem: Sílvio Kligin (ger.), Roberto Silva (coord.), Douglas Cometti (pesquisa iconográfica), Fernanda Crevin (tratamento de imagens)
Licenciamento de conteúdos de terceiros: Roberta Bento (gerente), Jenis Oh (coord.), Liliane Rodrigues; Flávia Zambon e Raísa Maris Reina (analistas de licenciamento)
Ilustrações: Paula Kranz (Aberturas de unidade), Ilustra Cartoon e José Rodrigues
Design: Gláucia Correa Koller (ger.), Flávia Dutra e Gustavo Vanini (proj. gráfico e capa), Erik Taketa (pós-produção)
Ilustração de capa: Estúdio Luminos

Todos os direitos reservados por Editora Scipione S.A.
Avenida das Nações Unidas, 7221, 1º andar, Setor D
Pinheiros – São Paulo – SP – CEP 05425-902
Tel.: 4003-3061
www.scipione.com.br / atendimento@scipione.com.br

Dados Internacionais de Catalogação na Publicação (CIP)

```
Bustos, Mirtha Daisy Debia
   Marcha Criança : Língua espanhola : 1º ao 5º ano /
Mirtha Daisy Debia Bustos, Tânia Moraes Gaspar. -- 3.
ed. -- São Paulo : Scipione, 2020.
   (Coleção Marcha Criança ; vol. 1 ao 5)

   Bibliografia

   1. Língua espanhola (Ensino fundamental) - Anos iniciais
I. Título II. Gaspar, Tânia Moraes III. Série

                                          CDD 372.6
20-1103
```

Angélica Ilacqua - Bibliotecária - CRB-8/7057

2024
Código da obra CL 745869
CAE 721113 (AL) / 721114 (PR)
ISBN 9788547402730 (AL)
ISBN 9788547402747 (PR)
3ª edição
6ª impressão

Impressão e acabamento: Vox Gráfica / OP: 247481

Uma publicação

Paula Kranz/Arquivo da editora

Com ilustrações de **Paula Kranz**, seguem abaixo os créditos das fotos utilizadas nas aberturas de Unidade:

Unidade 1: Árvore: lovelyday12/Shutterstock, **Arbusto:** sakdam/Shutterstock, **Arbusto com flores:** sakdam/Shutterstock, **Muro:** Krumao/Shutterstock, **Gramado:** EFKS/Shutterstock, **Pratos:** son Photo/Shutterstock, **Copos:** akiyoko/Shutterstock, **Talheres:** Billion Photos/Shutterstock, **Lápis de cor no copo:** KikoStock/Shutterstock, **Apontador:** Gelpi/Shutterstock, **Lápis de cor espalhados na mesa:** ETIENjones/Shutterstock, **Parede da casa:** LenaTru/Shutterstock.

Unidade 2: Árvore: majeczka/Shutterstock, **Muro:** thongyhod/Shutterstock, **Cadeira de rodas:** Suwin/Shutterstock, **Toalha de mesa:** Ann Yuni/Shutterstock, **Latas de tinta amarela, verde e vermelha:** Picsfive/Shutterstock, **Pincel com tinta amarela:** Nyvlt-art/Shutterstock, **Lata de tinta azul:** Beyla Balla/Shutterstock, **Pincel azul:** Beyla Balla/Shutterstock.

Unidade 3: Árvore: kpboonjit/Shutterstock, **Janela:** KellyNelson/Shutterstock, **Mochilas:** Billion Photos/Shutterstock, **Chão:** KatMoy/Shutterstock, **Tartaruga:** Eric Isselee/Shutterstock, **Coelho:** effective stock photos/Shutterstock, **Gato:** MirasWonderland/Shutterstock, **Cachorro:** Svetography/Shutterstock, **Peixe:** Vangert/Shutterstock, **Passarinho:** Super Prin/Shutterstock, **Pato:** Naoto Shinkai/Shutterstock, **Caderno:** Tibet Saisema/Shutterstock, **Lousa:** STUDIO DREAM/Shutterstock, **Tapete:** giedre vaitekune/Shutterstock.

Unidade 4: Cidade: Stockerz/Shutterstock, **Árvores:** seeyou/Shutterstock, **Chafariz:** Kriang kan/Shutterstock, **Lago do chafariz:** www.hollandfoto.net/Shutterstock, **Gramado:** EFKS/Shutterstock, **Arbusto:** sakdam/Shutterstock, **Arbusto com pedra:** naKornCreate/Shutterstock, **Bola de vôlei:** supparsorn/Shutterstock, **Banco de madeira:** GalapagosPhoto/Shutterstock, **Jarra de suco:** Evgeny Karandaev/Shutterstock, **Banana:** Pixfiction/Shutterstock, **Maçã:** Lev Kropotov/Shutterstock, **Uva:** New Africa/Shutterstock, **Sanduíches:** Drozzhina Elena/Shutterstock.

APRESENTAÇÃO

ESTA COLEÇÃO, QUE APARECE AGORA REFORMULADA COM INÚMERAS NOVIDADES, FOI ESPECIALMENTE DESENVOLVIDA PENSANDO EM VOCÊ, ALUNO DOS ANOS INICIAIS DO ENSINO FUNDAMENTAL, POIS SABEMOS DE SEUS ANSEIOS, SUAS CURIOSIDADES, SEU DINAMISMO E SUA NECESSIDADE DE DESCOBRIR NOVOS HORIZONTES.

CADA VOLUME VAI AJUDAR VOCÊ A ADQUIRIR O CONHECIMENTO NECESSÁRIO SOBRE A LÍNGUA ESPANHOLA E A CULTURA DE SEUS FALANTES, ALÉM DE TRAZER PECULIARIDADES E CURIOSIDADES, SEJA DESENHANDO, PINTANDO, BRINCANDO, CANTANDO, ESCUTANDO, ESCREVENDO, FALANDO E, O MAIS IMPORTANTE, INTERAGINDO COM O VOCABULÁRIO E AS ESTRUTURAS APRESENTADAS DE MODO DIVERTIDO E PRAZEROSO!

PRONTO? ENTÃO SE PREPARE PARA VIAJAR NESSE UNIVERSO E... BOA MARCHA RUMO AO CONHECIMENTO!

¡BIENVENIDO AL MUNDO HISPÁNICO!

AS AUTORAS

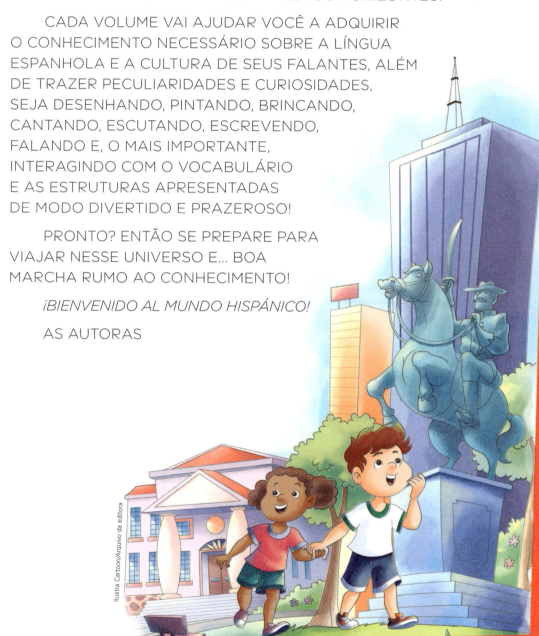
Ilustra Cartoon/Arquivo da editora

ACÉRCATE A TU LIBRO

VEJA A SEGUIR COMO O SEU LIVRO ESTÁ ORGANIZADO.

UNIDAD
SEU LIVRO ESTÁ ORGANIZADO EM QUATRO UNIDADES TEMÁTICAS, COM ABERTURAS EM PÁGINAS DUPLAS. CADA UNIDADE TEM DUAS LIÇÕES.

AS ABERTURAS DE UNIDADE SÃO COMPOSTAS DOS SEGUINTES BOXES:

ENTRA EN ESTA RUEDA
VOCÊ E SEUS COLEGAS TERÃO A OPORTUNIDADE DE CONVERSAR SOBRE A CENA APRESENTADA E A RESPEITO DO QUE JÁ SABEM SOBRE O TEMA DA UNIDADE.

EN ESTA UNIDAD VAMOS A ESTUDIAR...
VOCÊ VAI ENCONTRAR UMA LISTA DOS CONTEÚDOS QUE SERÃO ESTUDADOS NA UNIDADE.

¿CÓMO SE DICE?
ESTA SEÇÃO TEM O PROPÓSITO DE FAZER VOCÊ OBSERVAR E EXPLORAR A CENA DE ABERTURA DA LIÇÃO, INTERAGINDO COM ELA. PERMITE TAMBÉM QUE VOCÊ ENTRE EM CONTATO COM AS ESTRUTURAS E AS PALAVRAS QUE SERÃO TRABALHADAS, ALÉM DE DESENVOLVER SUAS HABILIDADES AUDITIVA E ORAL.

¿CÓMO SE ESCRIBE?
ESTA SEÇÃO TRAZ ATIVIDADES QUE VÃO POSSIBILITAR A VOCÊ TRABALHAR COM A ESCRITA DE PALAVRAS E DE EXPRESSÕES NOVAS.

¡AHORA LO SÉ!
ESTA SEÇÃO PROPÕE DIVERSAS ATIVIDADES QUE VÃO AJUDAR VOCÊ A ORGANIZAR OS CONHECIMENTOS ADQUIRIDOS.

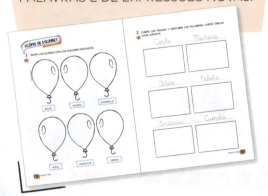

GLOSARIO
TRAZ AS PRINCIPAIS PALAVRAS EM ESPANHOL APRESENTADAS AO LONGO DESTE VOLUME, SEGUIDAS DA TRADUÇÃO EM PORTUGUÊS.

¡AHORA A PRACTICAR!

ESTA SEÇÃO PROPÕE ATIVIDADES PARA REFORÇAR O QUE FOI VISTO NA LIÇÃO. VOCÊ VAI COLOCAR EM PRÁTICA O QUE APRENDEU NAS SEÇÕES ANTERIORES.

EL TEMA ES...

ESTA SEÇÃO TRAZ UMA SELEÇÃO DE TEMAS PARA VOCÊ REFLETIR, DISCUTIR E APRENDER MAIS, PODENDO ATUAR NO SEU DIA A DIA COM MAIS CONSCIÊNCIA!

¡EN ACCIÓN!

ESTA SEÇÃO PROPÕE ATIVIDADES PROCEDIMENTAIS, EXPERIÊNCIAS OU VIVÊNCIAS PARA VOCÊ APRENDER NA PRÁTICA O CONTEÚDO ESTUDADO.

MATERIAL COMPLEMENTAR

CUADERNO DE CREATIVIDAD Y ALEGRÍA

CONTÉM ATIVIDADES LÚDICAS EXTRAS E PEÇAS DE RECORTE OU DESTAQUE PARA QUE VOCÊ APRENDA ENQUANTO SE DIVERTE E **ADESIVOS** QUE SERÃO UTILIZADOS AO LONGO DO LIVRO.

LIBRO DE LECTURA

APRESENTA UM CONTO CLÁSSICO REESCRITO EM ESPANHOL PARA QUE VOCÊ SEJA INSERIDO GRADUALMENTE NO MUNDO MARAVILHOSO DA LITERATURA!

REPASO

ESTA SEÇÃO, LOCALIZADA AO FINAL DO LIVRO, TRAZ ATIVIDADES DE REVISÃO PARA CADA UMA DAS LIÇÕES.

ESTES ÍCONES AJUDARÃO VOCÊ A ENTENDER O QUE FAZER EM CADA ATIVIDADE!

 ATIVIDADE EM DUPLA
 ATIVIDADE EM GRUPO
 ATIVIDADE ORAL
 ADESIVOS

 DESENHAR
 CIRCULAR
 COLAR
 NUMERAR

 COLORIR
 LIGAR OS PONTOS
 RELACIONAR
 ÁUDIO

CINCO 5

SUMARIO

UNIDAD 1 — MI ESPACIO Y YO 8

LECCIÓN 1
LA FAMILIA 10

- LOS SALUDOS Y LAS DESPEDIDAS
- LOS GRADOS DE PARENTESCO

LECCIÓN 2
EN MI ESCUELA 18

- LOS ÚTILES ESCOLARES
- LOS COLORES

¡EN ACCIÓN! PRESENTACIÓN DE LA FAMILIA 26

UNIDAD 2 — ¡A DIVERTIRSE! 28

LECCIÓN 3
JUGUETES Y COLORES 30

- LOS COLORES
- LOS JUGUETES

LECCIÓN 4
A LA HORA DEL RECREO 38

- EL RECREO

EL TEMA ES... EL ORIGEN DE LOS JUGUETES Y DE LOS JUEGOS DE NIÑOS 46

UNIDAD 3 — EL MUNDO ANIMAL 48

⇒LECCIÓN 5⇐
LAS MASCOTAS 50

    LOS ANIMALES

    LOS NÚMEROS

⇒LECCIÓN 6⇐
UN PASEO POR LA GRANJA 58

    LOS ANIMALES

EL TEMA ES... CUIDANDO BIEN DE LAS MASCOTAS 66

UNIDAD 4 — SALUD Y DIVERSIÓN 68

⇒LECCIÓN 7⇐
CUERPO Y ALIMENTACIÓN 70

    LAS PARTES DEL CUERPO

    LOS ALIMENTOS

⇒LECCIÓN 8⇐
UN PASEO POR LA CIUDAD 78

    LOS LUGARES DE LA CIUDAD

¡EN ACCIÓN! CERCA DE MI ESCUELA HAY... 86

REPASO 1: LA FAMILIA 88

REPASO 2: EN MI ESCUELA 90

REPASO 3: JUGUETES Y COLORES 92

REPASO 4: A LA HORA DEL RECREO 94

REPASO 5: LAS MASCOTAS 96

REPASO 6: UN PASEO POR LA GRANJA 98

REPASO 7: CUERPO Y ALIMENTACIÓN 100

REPASO 8: UN PASEO POR LA CIUDAD 102

GLOSARIO 104

SUGERENCIAS PARA EL ALUMNO 112

BIBLIOGRAFÍA 112

Dora Zett/mr.popetom sookchai/Shutterstock/
Fotomontagem: Fernanda Crevin

UNIDAD 1
MI ESPACIO Y YO

ENTRA EN ESTA RUEDA
- ¿QUÉ HACEN LAS PERSONAS EN ESTA ESCENA?
- ¿CREES QUE LAS PERSONAS QUE ESTÁN EN ESTA ESCENA SON DE LA MISMA FAMILIA?

EN ESTA UNIDAD VAMOS A ESTUDIAR...
- LOS SALUDOS Y LAS DESPEDIDAS.
- LOS GRADOS DE PARENTESCO.
- LOS ÚTILES ESCOLARES.
- LOS COLORES.

LECCIÓN 1 — LA FAMILIA

¿CÓMO SE DICE?

MAÑANA

ACTIVIDAD

- ESCUCHA Y PRACTICA.

¡BUENOS DÍAS!

¡BUENAS NOCHES!

¡HOLA!

¡ADIÓS!

POR FAVOR.

CON PERMISO.

1 DESCUBRE LAS FRASES Y ESCRÍBELAS EN EL LUGAR CORRECTO.

| BUENOS | MAESTRA. | DÍAS, | VICTOR. | HOLA, |

2 OBSERVA LAS IMÁGENES Y MARCA CON UNA **X** EL SALUDO ADECUADO.

☐ ¡BUENAS NOCHES!

☐ ¡BUENOS DÍAS!

☐ ¡HOLA!

☐ DE NADA.

☐ POR FAVOR.

☐ ¡GRACIAS!

☐ CON PERMISO.

☐ ¡BUENAS NOCHES!

3 RELACIONA LAS IMÁGENES CON LAS PALABRAS.

| MAMÁ | ABUELO | PAPÁ | ABUELA |

TRECE 13

¡AHORA LO SÉ!

1 ESCRIBE **V** PARA VERDADERO Y **F** PARA FALSO EN CADA ESCENA.

2 COPIA EL NOMBRE QUE CORRESPONDE A CADA MIEMBRO DE LA FAMILIA EN LOS ESPACIOS CORRECTOS.

ABUELO   HERMANO   PAPÁ   HERMANA   ABUELA   MAMÁ

3 DIBUJA A TU FAMILIA O A OTRA QUE CONOZCAS.

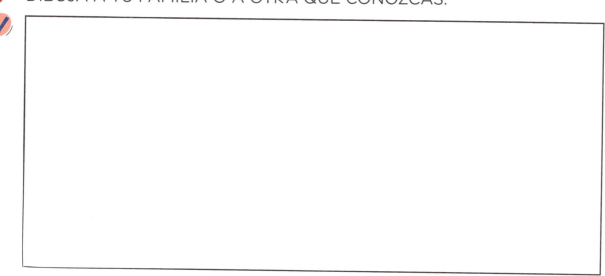

¡AHORA A PRACTICAR!

1 ESCUCHA Y MARCA CON UNA **X** LAS FIGURAS CORRECTAS.

A

B

C

2 COLOREA DE AZUL 🟦 LAS PALABRAS QUE SE REFIEREN A LOS SALUDOS Y DE ROSA 🟪 LAS PALABRAS QUE SE REFIEREN A LA FAMILIA.

HOLA	LÁPIZ	BUENOS DÍAS	CASA
ABUELO	FLOR	LIBRO	HIJA
BLUSA	NARIZ	PADRE	POR FAVOR
ADIÓS	MADRE	AMIGO	MAESTRA

♪ ¡VAMOS A CANTAR!

TOCA PALMITAS

4
5

TOCA PALMITAS
QUE VIENE PAPÁ.
TOCA, TOCA, TOCA
QUE PRONTO VENDRÁ.

CANCIÓN DE LA CULTURA ORAL.

DIECISIETE 17

¿CÓMO SE ESCRIBE?

1 COMPLETA LAS PALABRAS CON LAS VOCALES QUE FALTAN.

| Z | | P | | T | L | L | | S |

| M | | C | H | L | |

| L | | B | R | |

| B | | R | M | | D | |

2 ¿QUÉ GUARDAMOS EN LA MOCHILA ESCOLAR?

 ¡VAMOS A PINTAR LOS DIBUJOS! DESPUÉS, UNE CADA PALABRA CON SU DIBUJO CORRESPONDIENTE.

| LÁPIZ | GOMA | SACAPUNTAS | CUADERNO | LIBRO |

1. TÍO PEPE RECIBE A LOS NIÑOS DE LA ESCUELA Y LOS SALUDA CON **¡BUENOS DÍAS!**. Y TÚ, ¿CÓMO SALUDAS A TUS AMIGOS CUANDO LLEGAS A LA ESCUELA?

   - PINTA EL SALUDO CORRESPONDIENTE.

2. DIBUJA Y PINTA:

   A) UN SACAPUNTAS ROJO.

   C) UN CUADERNO AMARILLO.

   B) UNA GOMA AZUL Y BLANCA.

   D) UNA MOCHILA VERDE.

3 BUSCA LOS NOMBRES DE LAS FIGURAS EN LA SOPA DE LETRAS.

A	E	C	E	O	M	T	T	S	S
R	A	G	Y	K	U	A	S	C	E
E	R	A	Y	E	L	O	T	U	G
S	A	C	A	P	U	N	T	A	S
R	A	A	Q	B	K	L	Y	D	I
L	Á	P	I	Z	B	R	R	E	G
O	A	E	T	A	M	I	G	R	S
D	X	G	C	F	G	X	K	N	I
C	U	A	C	B	O	N	S	O	A
A	P	Í	T	A	M	H	J	T	A
S	Y	A	T	U	A	G	O	P	P

4 DIBUJA TU ESCUELA Y ESCRIBE SU NOMBRE.

¡AHORA A PRACTICAR!

1 ESCUCHA Y MARCA CON UNA **X** LAS FIGURAS CORRECTAS.

A

B

C

2 DIBUJA LOS 2 ÚTILES ESCOLARES QUE CONSIDERAS MÁS IMPORTANTES Y ESCRIBE EL NOMBRE CORRESPONDIENTE.

¡VAMOS A CANTAR!

EN LA ESCUELA

EN LA ESCUELA APRENDEMOS
CADA DÍA UN POCO MÁS
LAS MAESTRAS Y LOS MAESTROS
TODOS QUIEREN ENSEÑAR.

APRENDEMOS CON LOS NÚMEROS
APRENDEMOS CON LAS LETRAS
APRENDEMOS MUCHAS COSAS
Y APRENDEMOS A JUGAR.

CANCIÓN DE LA CULTURA ORAL.

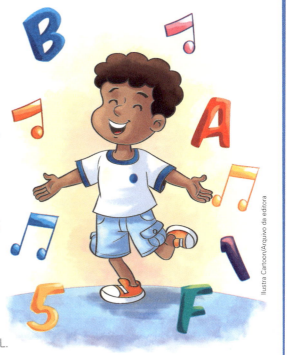

¡EN ACCIÓN!

PRESENTACIÓN DE LA FAMILIA

¿QUÉ TAL PRESENTAR TU FAMILIA A LOS COMPAÑEROS Y CONOCER LA FAMILIA DE ELLOS?

PARA HACER LA ACTIVIDAD, SIGUE LAS ETAPAS A CONTINUACIÓN.

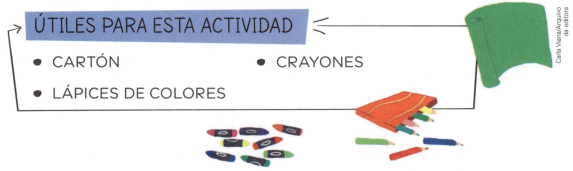

ÚTILES PARA ESTA ACTIVIDAD
- CARTÓN
- CRAYONES
- LÁPICES DE COLORES

1. EN CARTÓN, DIBUJA CADA PERSONA DE TU FAMILIA. SI TIENES MASCOTAS, PUEDES DIBUJARLAS TAMBIÉN.

2. DEBAJO DEL DIBUJO DE CADA MIEMBRO DE TU FAMILIA, ESCRIBE EL NOMBRE DE LA PERSONA Y LO QUÉ ES PARA TI.

3. ESCRIBE UN TÍTULO PARA TU DIBUJO.

4. MUESTRA TU DIBUJO A LA CLASE Y PRESENTA CADA MIEMBRO DE TU FAMILIA.

5. EXPÓN EL DIBUJO EN UN MURAL EN EL AULA O EN ALGÚN ESPACIO DE LA ESCUELA.

UNIDAD 2

¡A DIVERTIRSE!

ENTRA EN ESTA RUEDA
- ¿DÓNDE ESTÁN ESTOS NIÑOS?
- ¿QUÉ HACEN LOS NIÑOS EN ESTA ESCENA?

EN ESTA UNIDAD VAMOS A ESTUDIAR...
- LOS JUGUETES.
- LOS COLORES.
- EL RECREO.

LECCIÓN 3 — JUGUETES Y COLORES

¿CÓMO SE DICE?

LA CUERDA

LA INDIACA

LOS TÍTERES

ACTIVIDAD

- ESCUCHA Y PRACTICA.

LOS TÍTERES SON BLANCO Y AZUL.

LA INDIACA ES VERDE.

LA CUERDA ES AMARILLA.

EL COCHE ES NEGRO.

LA MUÑECA USA VESTIDO ROJO.

LA PELOTA ES ROSA Y NARANJA.

1 PINTA LOS GLOBOS CON LOS COLORES INDICADOS.

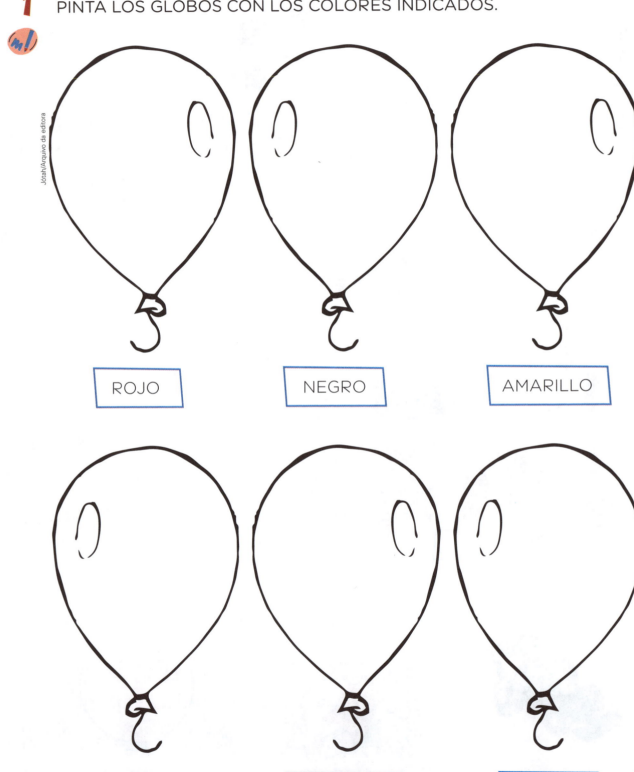

ROJO NEGRO AMARILLO

AZUL NARANJA VERDE

2 CUBRE LOS TRAZOS Y DESCUBRE LAS PALABRAS. LUEGO DIBUJA CADA JUGUETE.

Coche

Muñeca

Títere

Pelota

Indiaca

Cuerda

TREINTA Y TRES 33

¡AHORA LO SÉ!

1 COMPLETA EL CRUCIGRAMA.

2 RELACIONA LAS COLUMNAS.

INDIACA — AMARILLO

COCHE — NEGRA

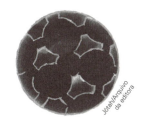

TÍTERE — VERDE

MUÑECA — AZUL

PELOTA — NARANJA

¡AHORA A PRACTICAR!

1 ESCUCHA Y MARCA CON UNA **X** LAS FIGURAS CORRECTAS.

A

B

C

2 DIBUJA LO QUE SE TE PIDE.

A) DOS PELOTAS NARANJAS.

C) UN COCHE ROJO.

B) TRES INDIACAS VERDES.

D) DOS TÍTERES AZULES.

¡VAMOS A CANTAR!

RONDITA DE LA MANO

DAME UNA MANO

DAME LA OTRA

VAMOS A HACER UNA RONDA GRANDOTA

UNA RONDITA MUY ALTA

UNA RONDITA MUY BAJA

UNA RONDITA SALTANDO

UNA RONDA EN UNA PATA

UNA RONDA SENTADO

¡PORQUE YA ESTOY CANSADO!

CANCIÓN DE LA CULTURA ORAL.

● **RONDA INFANTIL**, 1932, DE CANDIDO PORTINARI.

LECCIÓN 4 — A LA HORA DEL RECREO

¿CÓMO SE DICE?

¿VAMOS A JUGAR EN EL TOBOGÁN?

EL YOYO

EL TOBOGÁN

LOS CROMOS

LA COMBA / LA CUERDA

ACTIVIDAD

- ESCUCHA Y PRACTICA.

A) SALTAR LA COMBA.

B) JUGAR CON EL YOYO.

C) JUGAR EN LA TABLETA.

D) TOMAR LA MERIENDA.

¿CÓMO SE ESCRIBE?

1 COMPLETA LAS ESCENAS Y RESPONDE A LAS PREGUNTAS.

- ¿A QUÉ JUEGAN LOS NIÑOS?

A) ANA, LORENA Y CAMILA JUEGAN...

... A LA ....

B) JULIÁN JUEGA EN...

... LA ....

C) SANTIAGO Y PEDRO JUEGAN...

... A LAS ....

D) ISABEL Y BEATRIZ JUEGAN...

... A LA ....

2 ORDENA LAS LETRAS Y ESCRIBE EL NOMBRE DE LOS JUGUETES. DESPUÉS, DIBÚJALOS.

A

| B | O | G | O | T | Á | N |

....

B

| C | R | O | S | O | M |

....

C

| C | O | M | A | B |

....

D

| O | Y | Y | O |

....

CUARENTA Y UNO **41**

¡AHORA LO SÉ!

1 ¿QUÉ ES? MARCA LA RESPUESTA CORRECTA CON UNA **X**.

A)
- [ ] LA PELOTA
- [ ] EL YOYO
- [ ] LOS CROMOS
- [ ] LA RAYUELA

B)
- [ ] LAS CANICAS
- [ ] LOS CROMOS
- [ ] LA TABLETA
- [ ] LA CUERDA

C)
- [ ] LAS CANICAS
- [ ] LOS CROMOS
- [ ] EL TOBOGÁN
- [ ] EL YOYO

2 ¿A QUÉ JUEGAN LOS NIÑOS? ESCRIBE EL NOMBRE DEL JUEGO.

3 OBSERVA LAS ESCENAS Y PINTA EL TOBOGÁN DE ROJO.

¡AHORA A PRACTICAR!

1 ESCUCHA Y MARCA CON UNA **X** LAS FIGURAS CORRECTAS.

2 LEE LA HISTORIETA.

- ¿CUÁL ES EL NOMBRE DEL JUGUETE QUE APARECE EN LA HISTORIETA?

....

NIK. *GATURRO*. DISPONIBLE EN: <https://www.gocomics.com/gaturro/2012/06/09>. ACCESO EL: 29 DE OCTUBRE DE 2019.

♪ ¡VAMOS A CANTAR!

LA HORA DEL RECREO

POR FIN ES LA HORA DEL RECREO.
DESPUÉS DE MUCHO ESTUDIAR,
VAMOS TODOS AL PARQUE
A JUGAR Y MERENDAR.

PODEMOS CORRER,
PODEMOS SALTAR,
JUGAR A LA PELOTA
Y OTRAS COSITAS MÁS.

ES TODO MUY DIVERTIDO.
LO IMPORTANTE ES JUGAR.
¡VAMOS, VAMOS, VAMOS!
LA PROFE YA VA A LLAMAR.

CANCIÓN ELABORADA PARA ESTA OBRA.

EL TEMA ES...

EL ORIGEN DE LOS JUGUETES Y DE LOS JUEGOS DE NIÑOS

En esta unidad, has aprendido el nombre de muchos juguetes, ¿verdad?

¿Sabes de dónde vinieron algunos juguetes y juegos a que nosotros jugamos hasta hoy en día?

PIEDRA, PAPEL O TIJERA

Este juego tiene origen en Japón. En ese país, el nombre del juego es **JANKENPON**. *Jan* significa piedra, *ken* significa papel y *pon* es tijera.

LA RAYUELA

Es posible que los romanos hayan creado el juego. Los niños de aquella época jugaban a la rayuela en las calles.

LA INDIACA

ESE JUGUETE TIENE ORIGEN EN BRASIL CON LOS INDÍGENAS. **PETEKA** SIGNIFICA GOLPEAR CON LAS MANOS.

LA COMETA

LOS CHINOS INVENTARON LA COMETA, PERO ELLA NO ERA UN JUGUETE. LOS CHINOS UTILIZABAN LAS COMETAS PARA ENVIAR MENSAJES.

 AHORA HABLA CON LOS COMPAÑEROS Y EL PROFESOR.

1 ¿POR QUÉ JUEGOS Y JUGUETES QUE FUERON CREADOS HACE TANTO TIEMPO EXISTEN HASTA HOY EN DÍA?

2 ¿ES POSIBLE DIVERTIRSE CON JUGUETES QUE NO SE COMPRAN?

3 DE LOS JUEGOS Y JUGUETES QUE HAN APARECIDO EN LAS IMÁGENES, ¿CUÁL TE GUSTA MÁS? ¿POR QUÉ?

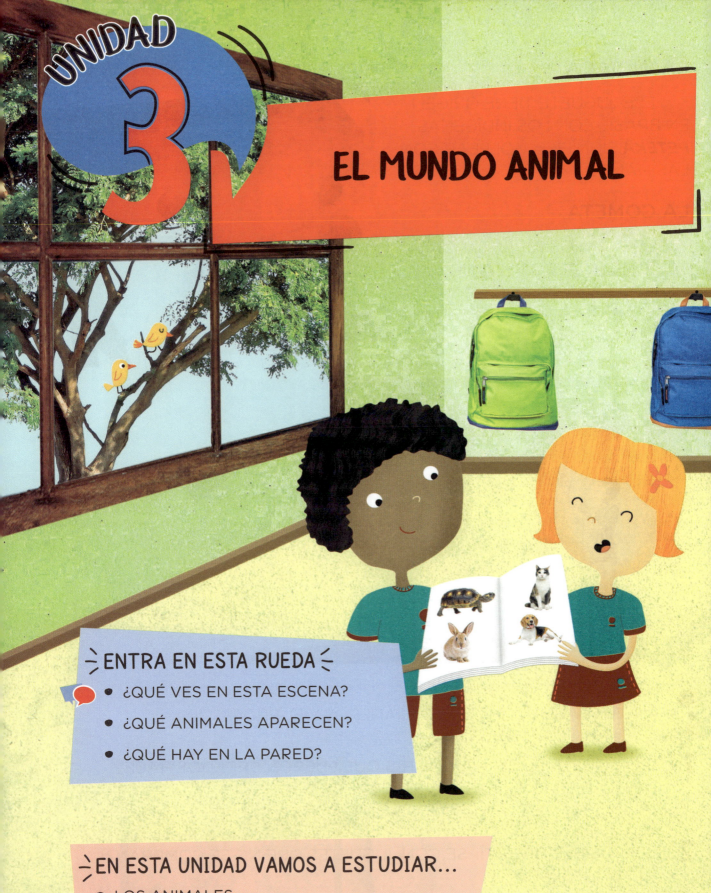

CUARENTA Y NUEVE 49

1 ORDENA LAS LETRAS PARA FORMAR EL NOMBRE DE LOS ANIMALES.

| T | O | G | A |

| Z | P | E |

| C | J | E | O | N | O |

2 ¿VAMOS A CONTAR?

A) ¿CUÁNTOS PERROS HAY?

B) ¿CUÁNTOS GATOS HAY?

3 BUSCA EN LA SOPA DE LETRAS EL NOMBRE DE LOS ANIMALES.

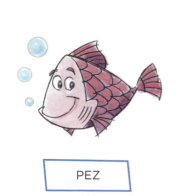
PEZ

CONEJO

GATO

PÁJARO

TORTUGA

PERRO

O	L	C	O	N	E	J	O	K	U
A	U	H	Y	Y	U	B	D	W	P
U	Y	G	C	X	A	W	Q	H	O
B	R	N	T	O	R	T	U	G	A
U	Y	U	T	E	E	Y	O	Ñ	W
Y	P	I	Y	Ñ	I	O	B	R	Y
U	E	K	O	U	P	B	T	P	F
T	Z	L	H	G	Á	F	E	E	D
R	E	N	N	B	J	J	K	R	U
E	Y	K	G	H	A	U	T	R	R
A	D	Q	F	D	R	C	V	O	B
G	A	T	O	Ñ	O	U	I	U	B

¡AHORA LO SÉ!

1 ¿CUÁNTOS ANIMALES HAY EN LA ESCENA?

 HAY _____.   HAY _____.

 HAY _____.    HAY _____.

TOTAL: HAY _____.

2 RELACIONA LAS PALABRAS CON LAS IMÁGENES.

GATO

CONEJO

TORTUGA

PERRO

¡AHORA A PRACTICAR!

- ESCUCHA Y MARCA CON UNA **X** LAS FIGURAS CORRECTAS.

A

B

C

¡VAMOS A CANTAR!

INDIECITOS

UNO, DOS, TRES INDIECITOS

CUATRO, CINCO, SEIS INDIECITOS

SIETE, OCHO, NUEVE INDIECITOS

DIEZ EN UN PEQUEÑO BOTE

IBAN NAVEGANDO RÍO ABAJO

CUANDO APARECIÓ EL COCODRILO

Y EL PEQUEÑO BOTE DE LOS INDIECITOS

CASI, CASI SE HUNDIÓ.

CANCIÓN DE LA CULTURA ORAL.

LECCIÓN 6: UN PASEO POR LA GRANJA

¿CÓMO SE DICE?

ACTIVIDAD

- ¿VAMOS A CONOCER LA VOZ DE ESTOS ANIMALES?

A) EL PATO GRAZNA.

B) LA VACA MUGE.

C) EL CABALLO RELINCHA.

D) EL CERDO GRUÑE.

E) LA GALLINA CACAREA.

F) EL POLLITO PÍA.

¿CÓMO SE ESCRIBE?

1 OBSERVA LAS IMÁGENES Y ESCRIBE EL NOMBRE DE LOS ANIMALES.

2 BUSCA EN LA SOPA DE LETRAS EL NOMBRE DE LAS FIGURAS.

Y	H	P	A	T	O	R	F	B
L	N	R	C	G	E	F	G	J
V	E	N	T	A	N	A	K	N
Ñ	Q	A	F	V	J	I	Y	J
C	A	B	A	L	L	O	Y	K
Y	H	G	V	V	K	H	D	Q
P	F	G	E	V	T	W	G	P
O	H	B	E	Q	Z	Q	A	O
L	U	J	V	E	W	Y	L	E
L	K	J	T	T	E	Q	L	M
I	U	V	A	C	A	O	I	T
T	B	G	R	W	P	M	N	A
O	R	W	V	A	Y	H	A	Ñ

¡AHORA LO SÉ!

1 UNE LOS PUNTOS Y DESCUBRE QUÉ ANIMAL ES. DESPUÉS PÍNTALO Y ESCRIBE SU NOMBRE.

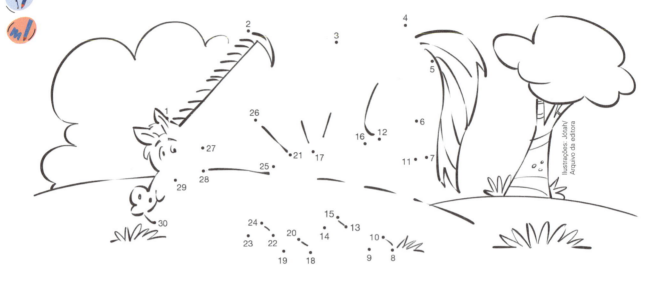

ES UN ....

2 DIBUJA LO QUE SE TE PIDE.

A) UN CABALLO.

C) DOS PATOS.

B) CUATRO POLLITOS.

D) TRES CERDOS.

3 RELACIONA LAS PARTES DE LAS FIGURAS Y DESCUBRE LOS ANIMALES.

A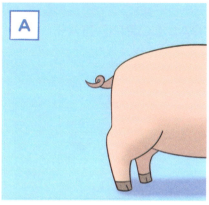
B
C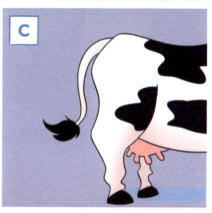
D

¡AHORA A PRACTICAR!

1 ESCUCHA Y MARCA CON UNA **X** LAS FIGURAS CORRECTAS.

2 NUMERA LAS ETAPAS DE CADA SECUENCIA DE FIGURAS.

A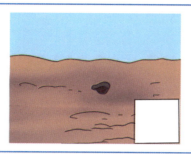

B

♪ ¡VAMOS A CANTAR!

LOS POLLITOS

LOS POLLITOS DICEN,
PÍO, PÍO, PÍO,
CUANDO TIENEN HAMBRE,
CUANDO TIENEN FRÍO.

LA GALLINA BUSCA
EL MAÍZ Y EL TRIGO,
LES DA LA COMIDA
Y LES PRESTA ABRIGO.

BAJO SUS DOS ALAS
SE ESTÁN QUIETECITOS,
Y HASTA EL OTRO DÍA
DUERMEN CALENTITOS.

MAS AL DÍA SIGUIENTE,
CORREN LOS POLLITOS,
CONTENTOS Y ALEGRES.
¡BUSCAN GUSANITOS!

CANCIÓN DE LA CULTURA ORAL.

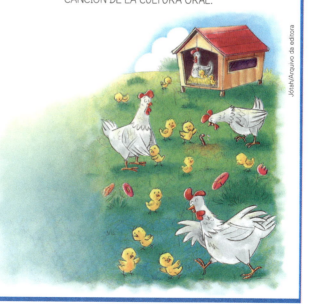

EL TEMA ES...

CUIDANDO BIEN DE LAS MASCOTAS

MASCOTA ES COMO LLAMAMOS A LOS ANIMALES DE ESTIMACIÓN. ELLOS NOS ACOMPAÑAN EN NUESTRA VIDA COTIDIANA. CON ELLOS JUGAMOS, PASEAMOS Y NOS DIVERTIMOS. ELLOS NOS HACEN COMPAÑÍA Y POR MUCHAS VECES TAMBIÉN NOS CUIDAN.

ALGUNAS MASCOTAS SON PEQUEÑAS, COMO LOS GATOS, LOS PERROS, LOS PAJARITOS, LOS HÁMSTERES, LAS TORTUGUITAS... OTRAS MASCOTAS SON GRANDES, COMO LOS CABALLOS, LAS VACAS, LOS CERDOS...

¿SERÁ QUE PUEDEN VIVIR TODAS LAS MASCOTAS DENTRO DE NUESTRAS CASAS? CLARO QUE NO, ¿VERDAD?

LOS CABALLOS, LAS VACAS, LOS CERDOS Y OTROS ANIMALES GRANDES DEBEN TENER ESPACIO ADECUADO A SU TAMAÑO PARA QUE SE SIENTAN MÁS CONFORTABLES.

● CABALLOS EN LA GRANJA.

● VACAS EN EL PASTO.

● CERDOS EN EL CORRAL.

LA VISITA DE UN VETERINARIO TAMBIÉN ES MUY IMPORTANTE PARA SABER SI ESTÁ TODO BIEN CON LA ALIMENTACIÓN Y LA SALUD DE ESTOS "GRANDES AMIGOS".

GRANDES O PEQUEÑAS, TODAS LAS MASCOTAS MERECEN RESPETO, CARIÑO Y CUIDADOS.

¿QUÉ CUIDADOS DEBEMOS TENER CON LAS MASCOTAS?

PERRO
- ALIMENTARLO.
- LLEVARLO A PASEAR Y JUGAR.
- BAÑARLO.

GATO
- ALIMENTARLO.
- DARLE AGUA LIMPIA Y FRESQUITA TODOS LOS DÍAS.
- HIGIENIZAR EL LUGAR EN DONDE HACE SUS NECESIDADES.

PEZ
- ALIMENTARLO.
- MANTENER EL ACUARIO SIEMPRE LIMPIO PARA QUE EL PEZ PUEDA RESPIRAR LIBREMENTE.

AHORA CONVERSA CON LOS COMPAÑEROS Y EL PROFESOR.

1 ¿POR QUÉ ES IMPORTANTE CUIDAR DE LAS MASCOTAS?

2 ¿QUÉ CUIDADOS TIENES CON TU MASCOTA?

3 ¿ALGÚN ADULTO DE TU FAMILIA LLEVA A TU MASCOTA A VACUNAR?

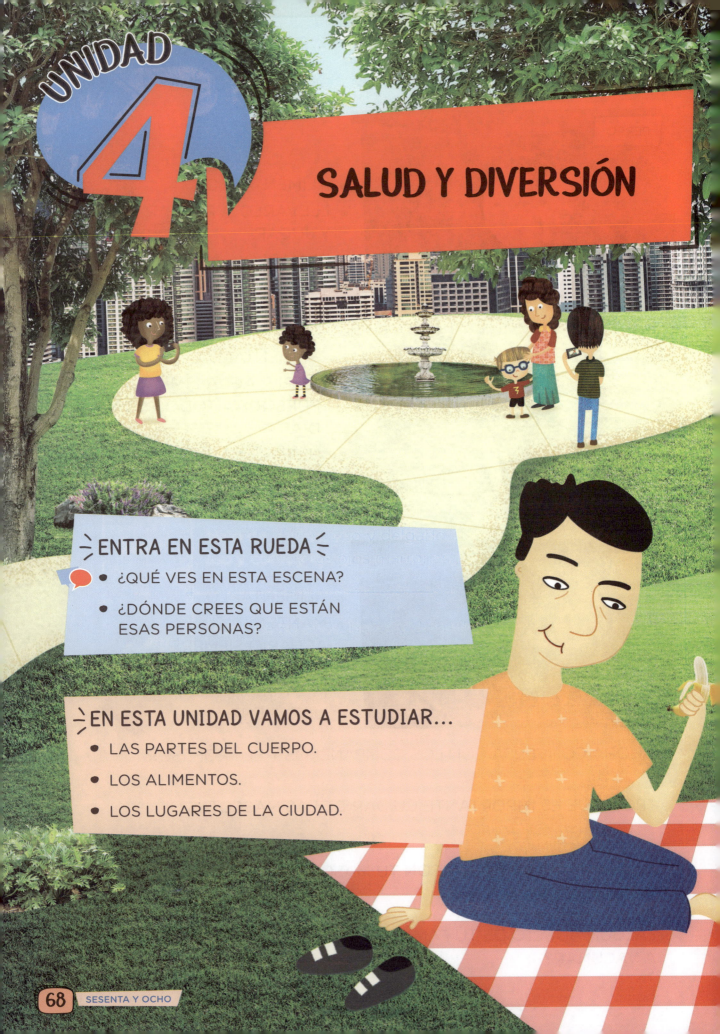

LECCIÓN 7: CUERPO Y ALIMENTACIÓN

¿CÓMO SE DICE?

¡CAMILA, NUESTRO CASTILLO ESTÁ LINDO!

- LA CABEZA
- EL BRAZO
- EL PIE

ACTIVIDAD

- COLOREA DE ROSA LAS PALABRAS QUE SE REFIEREN A PARTES DEL CUERPO Y DE VERDE LAS PALABRAS QUE SE REFIEREN A ALIMENTOS.

LA PIERNA	LA NARIZ	EL ZUMO DE NARANJA
LA BOCA	LA MANO	LA OREJA

LA CABEZA	EL BOCADILLO	EL OJO	EL PIE
EL PLÁTANO	EL BRAZO	LA MANZANA	

1 OBSERVA LA FIGURA Y COMPLETA LOS ESPACIOS CON EL NOMBRE DE LAS PARTES DEL CUERPO.

2 ORDENA LAS LETRAS Y DESCUBRE LAS PALABRAS QUE SE FORMAN.

| A | C | B | O |

....

| A | Z | N | A | A | M | N |

....

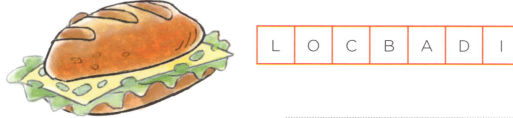

| L | O | C | B | A | D | I | L | O |

....

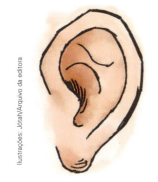

| O | R | A | E | J |

....

¡AHORA LO SÉ!

1 OBSERVA LAS IMÁGENES Y COMPLETA EL CRUCIGRAMA CON EL NOMBRE DE LAS PARTES DEL CUERPO.

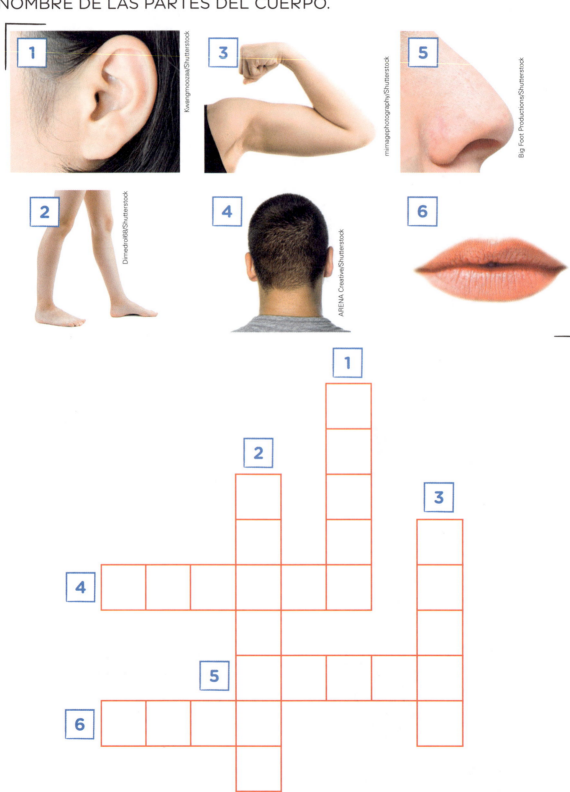

2 DIBUJA Y PINTA:

A) DOS OJOS VERDES.

B) TRES PLÁTANOS AMARILLOS.

C) UNA BOCA ROJA.

¡AHORA A PRACTICAR!

1 ESCUCHA Y MARCA CON UNA **X** LAS FIGURAS CORRECTAS.

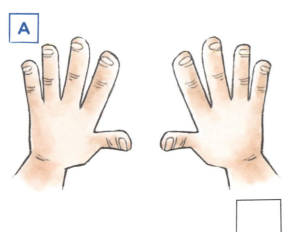

2 RELACIONA LAS PALABRAS CON LAS IMÁGENES CORRECTAS.

PAN

ZUMO DE NARANJA

PLÁTANO

BOCADILLO

¡VAMOS A CANTAR!

32
33

AL CORRO DE LA PATATA

AL CORRO DE LA PATATA,
COMEREMOS ENSALADA,
LO QUE COMEN LOS SEÑORES,
NARANJITAS Y LIMONES,
ACHUPÉ, ACHUPÉ,

SENTADITO ME QUEDÉ
AL CORRO DE LA PATATA,
COMEREMOS ENSALADA,
LO QUE COMEN LOS SEÑORES,
NARANJITAS Y LIMONES,
ACHUPÉ, ACHUPÉ,
SENTADITO ME QUEDÉ.

CANCIÓN DE LA CULTURA ORAL.

LECCIÓN 8: UN PASEO POR LA CIUDAD

¿CÓMO SE DICE?

ACTIVIDAD

- OBSERVA LAS FIGURAS Y MARCA CON UNA ✗ EL NOMBRE CORRECTO.

A

B

☐ LA FUENTE ☐ EL EDIFICIO ☐ EL METRO ☐ LA IGLE

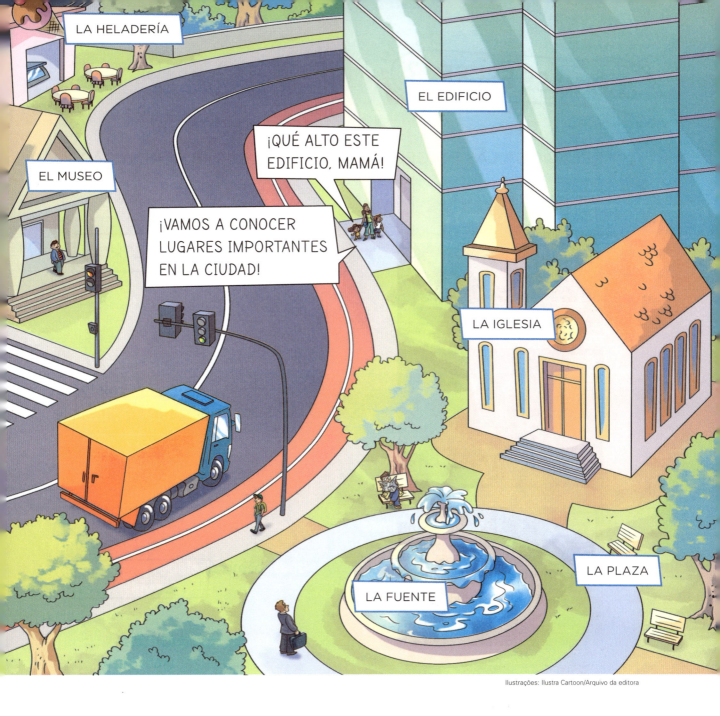

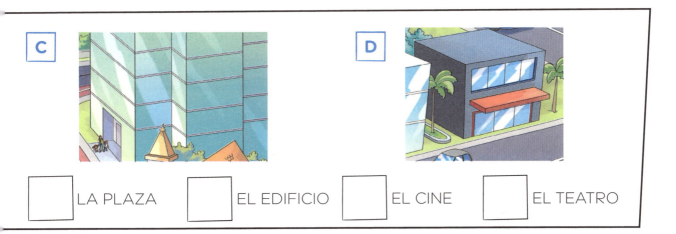

☐ LA PLAZA ☐ EL EDIFICIO ☐ EL CINE ☐ EL TEATRO

¿CÓMO SE ESCRIBE?

1 RELACIONA LAS IMÁGENES CON LAS PALABRAS CORRECTAS.

EL METRO

EL TEATRO

LA PLAZA

EL MUSEO

EL CENTRO COMERCIAL

2 DIBUJA Y PINTA:

A) DOS EDIFICIOS.

B) UNA FAMILIA PASEANDO.

TECNOLOGÍA PARA...

LOCALIZARSE

¿SABÍAS QUE EXISTEN RECURSOS ELECTRÓNICOS QUE AYUDAN LA GENTE A LOCALIZARSE EN LUGARES DESCONOCIDOS?

HOY EN DÍA, SON COMUNES LOS MAPAS VIRTUALES QUE SE PUEDEN CONSULTAR POR MEDIO DE INTERNET. ASÍ QUE BASTA CON TENER UN TELÉFONO MÓVIL CON ACCESO A LA RED PARA CONOCER NUEVOS LUGARES.

¡AHORA LO SÉ!

1 ESCRIBE **V** PARA VERDADERO Y **F** PARA FALSO EN CADA FIGURA.

A) ES UN EDIFICIO.

C) ES UNA IGLESIA.

B) ES UNA PLAZA.

D) ES UN CINE.

2 LEE EL DIÁLOGO DE LOS TURISTAS. ¿QUÉ SIGNIFICA LA PALABRA **BELLA**?

A) ☐ FEA

B) ☐ LINDA

C) ☐ PEQUEÑA

D) ☐ OSCURA

3 PEGA EN EL LUGAR CORRESPONDIENTE EL ADHESIVO QUE ESTÁ EN EL **CUADERNO DE CREATIVIDAD Y ALEGRÍA**.

¡AHORA A PRACTICAR!

- ESCUCHA Y MARCA CON UNA **X** LAS FIGURAS CORRECTAS.

¡VAMOS A CANTAR!

VAMOS A PASEAR

PASEO POR MI CIUDAD
Y CADA VEZ ME GUSTA MÁS
POR SUS CALLES Y SUS PLAZAS
TODOS VAMOS A PASEAR
SÍ, SÍ, SÍ VAMOS A PASEAR
SÍ, SÍ, SÍ VAMOS A PASEAR.

SI MIRAMOS HACIA ARRIBA
EDIFICIOS, SON TAN ALTOS, SON MUY ALTOS
¡AY QUÉ MIEDO ME DA!
SÍ, SÍ, SÍ VAMOS A PASEAR
SÍ, SÍ, SÍ VAMOS A PASEAR.

MUSEOS, TEATROS Y PARQUES
TODO ESO Y MUCHO MÁS
SI QUIERES PASEAR CONMIGO
TODO TE VA A GUSTAR
SÍ, SÍ, SÍ VAMOS A PASEAR
SÍ, SÍ, SÍ VAMOS A PASEAR.

CANCIÓN ELABORADA PARA ESTA OBRA.

¡EN ACCIÓN!

CERCA DE MI ESCUELA HAY...

¿VAMOS A CONOCER UN POCO MÁS EL BARRIO DONDE ESTÁ NUESTRA ESCUELA?

PARA HACER LA ACTIVIDAD, SIGUE LAS ETAPAS A CONTINUACIÓN.

ÚTILES PARA ESTA ACTIVIDAD

- UNA HOJA DE PAPEL BLANCO
- UN LÁPIZ DE ESCRIBIR
- LÁPICES DE COLORES

1. EN LA HOJA BLANCA, DIBUJA LO QUE VES EN EL CAMINO DE TU CASA A LA ESCUELA.

2. PUEDES DIBUJAR LAS CASAS, LOS EDIFICIOS, LAS PLAZAS Y LOS PUNTOS DE COMERCIO QUE RECUERDES.

3. ESCRIBE UN TÍTULO PARA TU DIBUJO: "ASÍ ES EL CAMINO DE LA CASA DE .... A LA ESCUELA".

4. MUESTRA EL DIBUJO A LOS COMPAÑEROS. EXPLICA QUÉ HAY EN EL CAMINO DE TU CASA A LA ESCUELA.

5. EXPÓN EL DIBUJO EN UN MURAL EN EL AULA O EN OTRO ESPACIO DE LA ESCUELA.

REPASO 1 — LA FAMILIA

1 ¿CÓMO DEBEMOS SALUDAR? OBSERVA Y COPIA.

¡BUENOS DÍAS!   ¡GRACIAS!

2 COMPLETA EL CRUCIGRAMA.

REPASO 2 — EN MI ESCUELA

1 RELACIONA CADA FIGURA CON EL NOMBRE CORRECTO.

CAMISETA

ZAPATILLAS

SACAPUNTAS

MOCHILA

BERMUDA

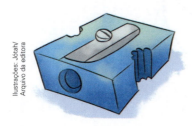

GOMA

2 ENCUENTRA ESTOS OBJETOS EN LA SALA.

| CUADERNO AMARILLO | MOCHILA ROJA | GOMA AZUL | LIBRO VERDE |

REPASO 3 — JUGUETES Y COLORES

1 PINTA LAS BOLITAS DEL PAYASO PIN PON.

| UNA BOLITA NEGRA | DOS BOLITAS NARANJAS | TRES BOLITAS ROSAS |

2 COMPLETA LOS DIBUJOS Y DESPUÉS ESCRIBE SUS NOMBRES.

LA MU……… ÑEC………

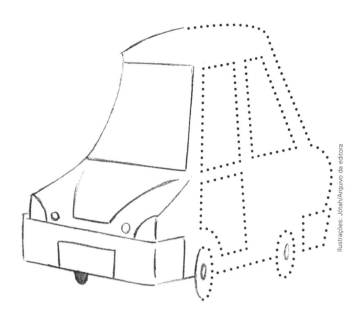

EL ……… O……… HE

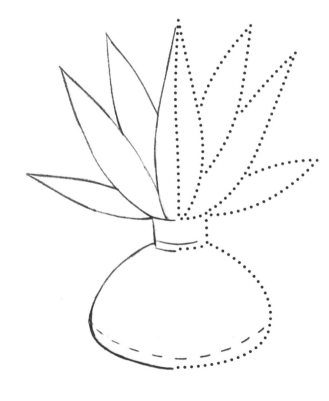

LA IN……… ……… CA

EL TÍ……… E……… E

REPASO 4 — A LA HORA DEL RECREO

1 MARCA CON UNA **X** LA ESCENA QUE PRESENTA LA HORA DEL RECREO.

2 DIBUJA LO QUE SE PIDE.

A) LA CUERDA

B) LAS CANICAS

C) EL YOYO

D) LA PELOTA

E) LA RAYUELA

F) LA TABLETA

REPASO 5 — LAS MASCOTAS

1 OBSERVA LAS FIGURAS Y ESCRIBE CUÁNTOS ANIMALES HAY EN CADA UNA.

....

....

....

2 PINTA LOS ESPACIOS QUE TIENEN BOLITAS, DESCUBRE LA MASCOTA ESCONDIDA Y ESCRIBE EL NOMBRE DEL ANIMAL.

....

3 COMPLETA LA TABLA CON LOS NUMERALES QUE FALTAN.

UNO		TRES		CINCO
	SIETE			DIEZ

REPASO 6 — UN PASEO POR LA GRANJA

1 OBSERVA LA FIGURA Y ESCRIBE CUÁNTOS ANIMALES HAY EN LA GRANJA.

....	POLLITOS
....	PATOS
....	CABALLOS
....	VACAS
....	CERDOS
....	GALLINAS

2 OBSERVA LA FIGURA **A**. DESPUÉS BUSCA Y MARCA EN LA FIGURA **B** LAS CINCO DIFERENCIAS.

REPASO 7 — CUERPO Y ALIMENTACIÓN

1 RELACIONA LOS NIÑOS A LOS ALIMENTOS QUE LE GUSTAN A CADA UNO DE ELLOS.

ME GUSTA COMER PAN CON MANTEQUILLA.

ME GUSTA BEBER ZUMO DE NARANJA.

ME GUSTA COMER MANZANA Y PLÁTANO.

2 OBSERVA EL SÍMBOLO QUE CORRESPONDE A CADA LETRA Y DESCUBRE EL NOMBRE DE LAS PARTES DEL CUERPO.

REPASO 8 — UN PASEO POR LA CIUDAD

1 DIBUJA LO QUE FALTA EN LA IMAGEN.

2 ORDENA LAS LETRAS Y ESCRIBE EL NOMBRE DE LOS LUGARES DE LA CIUDAD. DESPUÉS, DIBÚJALOS.

ASIEGLI

DEHÍLAERA

ALPZA

MOUES

UFENET

GLOSARIO

A

ABUELO(A): AVÔ(Ó)

¡ADIÓS!: ADEUS!, TCHAU!
AMARILLO: AMARELO

B

BLANCO: BRANCO
BOCADILLO: SANDUÍCHE

¡BUENAS NOCHES!: BOA NOITE!
¡BUENAS TARDES!: BOA TARDE!
¡BUENOS DÍAS!: BOM DIA!

C

CABALLO: CAVALO

CALLE: RUA
CANICA: BOLA DE GUDE
CASTILLO: CASTELO

CERDO: PORCO

COCHE: CARRO
COCODRILO: CROCODILO

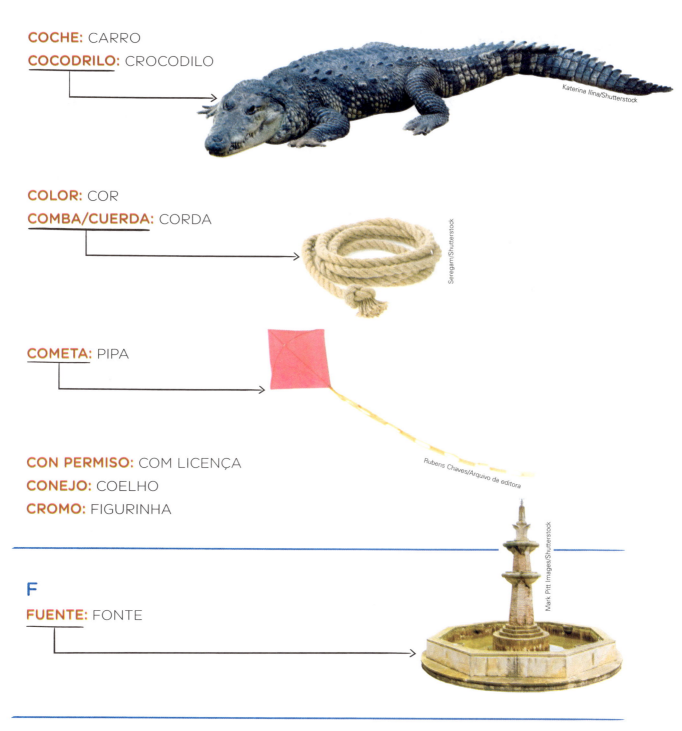

COLOR: COR
COMBA/CUERDA: CORDA

COMETA: PIPA

CON PERMISO: COM LICENÇA
CONEJO: COELHO
CROMO: FIGURINHA

F
FUENTE: FONTE

G
GALLINA: GALINHA

¡GRACIAS!: OBRIGADO!, OBRIGADA!

CIENTO CINCO **105**

GLOSARIO

GRANJA: GRANJA, FAZENDA

GUSANITO: MINHOQUINHA

H

HIJO(A): FILHO(A)
¡HOLA!: OLÁ!, OI!

I

IGLESIA: IGREJA

INDIACA: PETECA

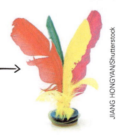

INDIECITO: INDIOZINHO

J

JUEGO: JOGO
JUGUETE: BRINQUEDO

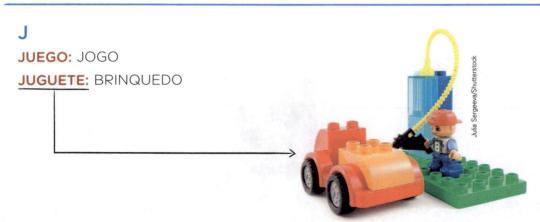

L

LIBRO: LIVRO

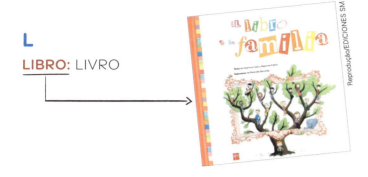

M

MADRE: MÃE

MAESTRO(A): PROFESSOR(A), MESTRE

MAÍZ: MILHO
MANO: MÃO

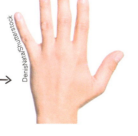

MANTEQUILLA: MANTEIGA
MANZANA: MAÇÃ

GLOSARIO

MASCOTA: ANIMAL DE ESTIMAÇÃO
MUÑECA: BONECA

N

NARANJA: LARANJA

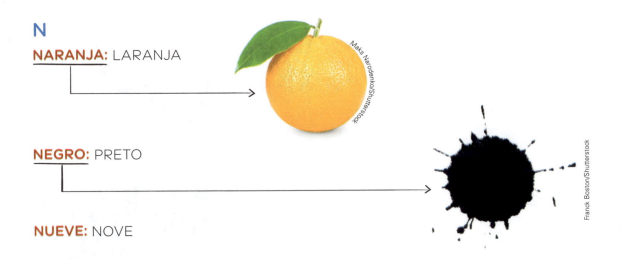

NEGRO: PRETO

NUEVE: NOVE

O

OCHO: OITO
OJO: OLHO

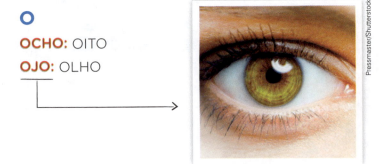

OREJA: ORELHA

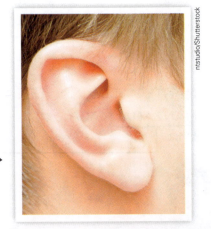

P

PADRE: PAI
PÁJARO: PÁSSARO

PAN: PÃO

PATATA: BATATA

PELOTA: BOLA

PERRO: CACHORRO

PEZ: PEIXE

PIE: PÉ

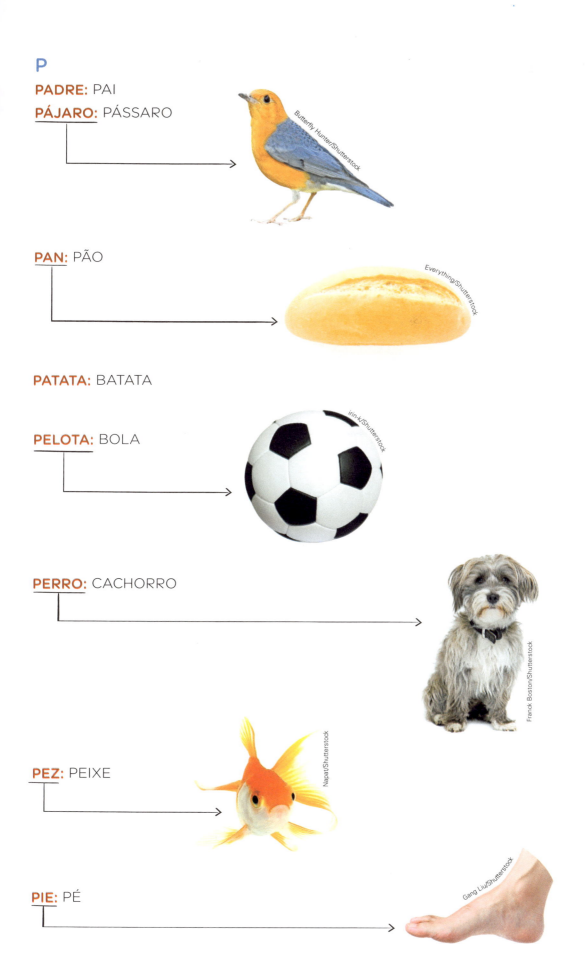

GLOSARIO

PIERNA: PERNA
PLÁTANO: BANANA

PLAZA: PRAÇA
POLLITO: PINTINHO
PUERTA: PORTA

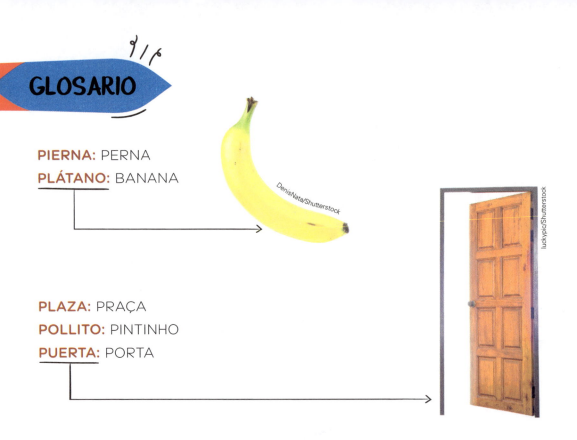

R

ROJO: VERMELHO
ROMPECABEZAS: QUEBRA-CABEÇA

RONDA: CIRANDA, RODA

ROSA: COR-DE-ROSA

S

SIETE: SETE

T

TABLETA: *TABLET*
TÍTERE: FANTOCHE

TORTUGA: TARTARUGA

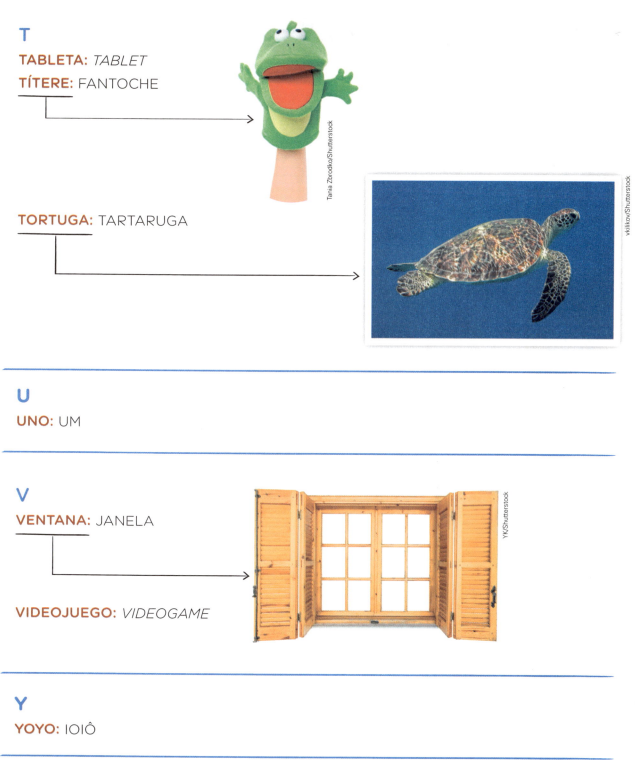

U

UNO: UM

V

VENTANA: JANELA

VIDEOJUEGO: *VIDEOGAME*

Y

YOYO: IOIÔ

Z

ZUMO: SUCO

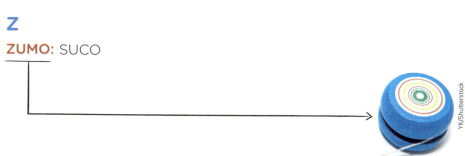

SUGERENCIAS PARA EL ALUMNO

● LIBROS

CÓMO BERTA CONOCIÓ A SU GATO, DE EMA WOLF. MADRI: ALFAGUARA INFANTIL, 2010.

O LIVRO CONTA COMO A GAROTA BERTA CONHECEU SEU GATO, QUE LOGO SE TORNOU SEU MELHOR AMIGO E COMPANHEIRO. OUTROS LIVROS DA MESMA SÉRIE MOSTRAM O COTIDIANO DESSA DIVERTIDA DUPLA.

JUEGO DE LA SOMBRA, DE ANA MARIA MACHADO. SÃO PAULO: GLOBAL, 2010.

O LIVRO CONTA COMO UMA GAROTA E SEU AVÔ VIAJAM PELO MUNDO DA IMAGINAÇÃO POR MEIO DE UM JOGO DE LUZES E SOMBRAS.

● *ENLACE*

MI MUNDO EN PALABRAS
DISPONÍVEL EM: <http://cvc.cervantes.es/ensenanza/mimundo/mimundo/default.html>. ACESSO EM: 3 MAR. 2016.

SITE INTERATIVO PARA APRENDER VOCABULÁRIO EM ESPANHOL.

BIBLIOGRAFÍA

ALONSO, E. *¿CÓMO SER PROFESOR/A Y QUERER SEGUIR SIÉNDOLO?* MADRID: EDELSA, 1997.

BELLO, P. ET AL. *DIDÁCTICA DE LAS SEGUNDAS LENGUAS*. MADRID: SANTILLANA, 1996.

BENVENISTE, E. *PROBLEMAS DE LINGÜÍSTICA GENERAL*. CIUDAD DE MÉXICO: SIGLO XXI, 1971.

COSTA, D. N. M. DA. *POR QUE ENSINAR LÍNGUA ESTRANGEIRA NA ESCOLA DE 1º GRAU*. SÃO PAULO: EPU/EDUC, 1987.

DI TULLIO, A. *MANUAL DE GRAMÁTICA DEL ESPAÑOL*. BUENOS AIRES: WALDHUTER EDITORES, 2010.

JOHNSON, K. *APRENDER Y ENSEÑAR LENGUAS EXTRANJERAS*: UNA INTRODUCCIÓN. TRAD. DE BEATRIZ ÁLVAREZ KLEIN. CIUDAD DE MÉXICO: FONDO DE CULTURA ECONÓMICA (FCE), 2008.

MARTÍNEZ, A. LA VARIACIÓN LINGÜÍSTICA COMO HERRAMIENTA PARA LA ENSEÑANZA DE LA LENGUA ESTÁNDAR. IN: _____ (COORD.). *EL ENTRAMADO DE LOS LENGUAJES*. BUENOS AIRES: LA CRUJÍA, 2009.

CUADERNO DE CREATIVIDAD Y ALEGRÍA

¡Y AHORA A JUGAR!

LECCIÓN 1 – LA FAMILIA

- OBSERVA LAS ESCENAS **A** Y **B**. DESPUÉS, MARCA LAS SEIS DIFERENCIAS EN LA **B**.

B

LECCIÓN 2 – EN MI ESCUELA

1 ¡VAMOS A JUGAR AL BINGO DE PALABRAS!

BINGO

BANCO DE PALABRAS			
ESCUELA	SACAPUNTAS	LÁPIZ	¡BUENOS DÍAS!
AMIGOS	PANADERÍA	GOMA	¡BUENAS TARDES!
ESTUDIAR	SUPERMERCADO	PLAZA	ÁRBOL
RECREO	MAESTRA	MOCHILA	LIBRO

2 PEGA LOS ADHESIVOS QUE ESTÁN EN EL **CUADERNO DE CREATIVIDAD Y ALEGRÍA** Y COMPLETA LA ESCENA.

LECCIÓN 3 – JUGUETES Y COLORES

1 COLOREA COMO SE TE PIDE.

1. ROJO   **3.** VERDE   **5.** AZUL

2. NARANJA   **4.** AMARILLO   **6.** NEGRO

2 PEGA LOS ADHESIVOS QUE ESTÁN EN EL **CUADERNO DE CREATIVIDAD Y ALEGRÍA** Y COMPLETA LA ESCENA.

LECCIÓN 4 – A LA HORA DEL RECREO

1 PINTA LOS ☐ SEGÚN EL CÓDIGO PARA INDICAR LOS JUEGOS QUE MÁS TE GUSTAN.

LA PELOTA

EL TOBOGÁN

LA TABLETA

LAS CANICAS

LA RAYUELA

EL YOYO

2 BUSCA LAS PALABRAS EN LA SOPA DE LETRAS.

| AMIGOS | RECREO | ALEGRÍA | CANICAS | PELOTA |

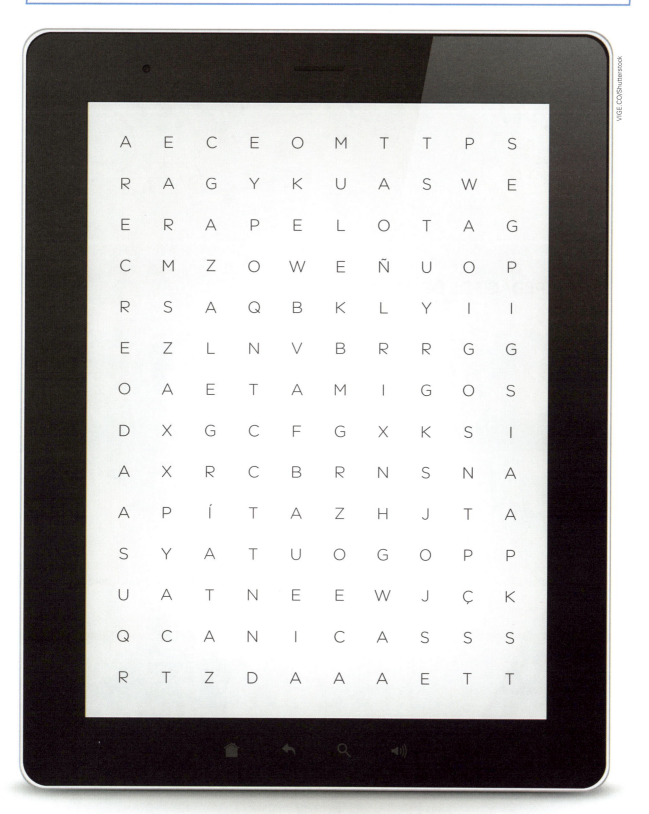

LECCIÓN 5 – LAS MASCOTAS

1 DESCUBRE CUÁLES SON LOS ANIMALITOS Y ESCRIBE SUS NOMBRES.

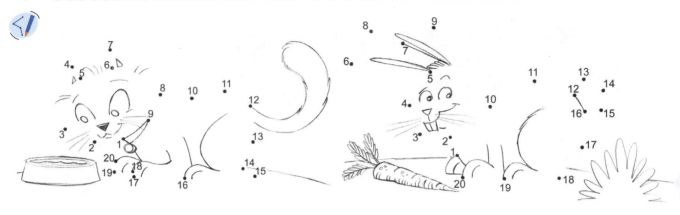

....

2 PEGA PEDACITOS DE PAPEL EN EL PEZ.

3 PEGA EN LOS LUGARES CORRECTOS LOS ADHESIVOS DE ANIMALES QUE ESTÁN EN EL **CUADERNO DE CREATIVIDAD Y ALEGRÍA**.

LECCIÓN 6 – UN PASEO POR LA GRANJA

1 PEGA EN LA GRANJA LOS ADHESIVOS QUE ESTÁN EN EL **CUADERNO DE CREATIVIDAD Y ALEGRÍA** Y COMPLETA LA ESCENA.

2 OBSERVA LAS ESCENAS **A** Y **B**. DESPUÉS, MARCA LAS 5 DIFERENCIAS EN LA ESCENA **B**.

LECCIÓN 7 – CUERPO Y ALIMENTACIÓN

1 OBSERVA LAS ESCENAS **A** Y **B**. DESPUÉS, MARCA LAS 4 DIFERENCIAS EN LA ESCENA **B**.

2 PEGA EL ADHESIVO QUE ESTÁ EN EL **CUADERNO DE CREATIVIDAD Y ALEGRÍA**.

LECCIÓN 8 – UN PASEO POR LA CIUDAD

1 MARTA Y MIGUEL QUIEREN IR AL MUSEO PARA CONOCER LAS OBRAS DE ARTE. AYÚDALOS A ENCONTRAR EL CAMINO.

2 LOS TURISTAS ENCONTRARON UNA OBRA DE ARTE SIN TERMINAR. PINTA CADA FIGURA CON EL COLOR INDICADO.

EL AUTOR DE ESTA OBRA ES ....

NOMBRE:

AÑO:

DOBRE ⤴

DOBRE ⤵

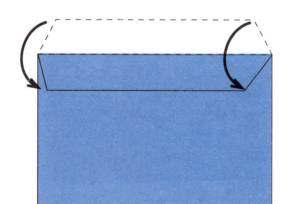

COLE A

COLE B

ALFABETO MÓVIL

A	B	C	D
E	F	G	H
I	J	K	L
M	N	Ñ	O
P	Q	R	S
T	U	V	W
X	Y	Z	

d D	c C	b B	a A
h H	g G	f F	e E
l L	k K	j J	i I
o O	ñ Ñ	n N	m M
s S	r R	q Q	p P
w W	v V	u U	t T
	z Z	y Y	x X

A	B	C	D
E	F	G	H
I	J	K	L
M	N	Ñ	O
P	Q	R	S
T	U	V	W
X	Y	Z	

d	D	c	C	b	B	a	A
d	*D*	*c*	*C*	*b*	*B*	*a*	*A*
h	H	g	G	f	F	e	E
h	*H*	*g*	*G*	*f*	*F*	*e*	*E*
l	L	k	K	j	J	i	I
l	*L*	*k*	*K*	*j*	*J*	*i*	*I*
o	O	ñ	Ñ	n	N	m	M
o	*O*	*ñ*	*Ñ*	*n*	*N*	*m*	*M*
s	S	r	R	q	Q	p	P
s	*S*	*r*	*R*	*q*	*Q*	*p*	*P*
w	W	v	V	u	U	t	T
w	*W*	*v*	*V*	*u*	*U*	*t*	*T*
		z	Z	y	Y	x	X
		z	*Z*	*y*	*Y*	*x*	*X*

A	B	C	D
E	F	G	H
I	J	K	L
M	N	Ñ	O
P	Q	R	S
T	U	V	W
X	Y	Z	

d D	c C	b B	a A
d *D*	*c* *C*	*b* *B*	*a* *A*
h H	g G	f F	e E
h *H*	*g* *G*	*f* *F*	*e* *E*
l L	k K	j J	i I
l *L*	*k* *K*	*j* *J*	*i* *I*
o O	ñ Ñ	n N	m M
o *O*	*ñ* *Ñ*	*n* *N*	*m* *M*
s S	r R	q Q	p P
s *S*	*r* *R*	*q* *Q*	*p* *P*
w W	v V	u U	t T
w *W*	*v* *V*	*u* *U*	*t* *T*
	z Z	y Y	x X
	z *Z*	*y* *Y*	*x* *X*

NOMBRE: ....
AÑO: ....

DOBRE ⤴

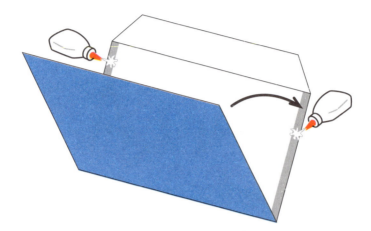

COLE A COLE B

DOBRE ⤵

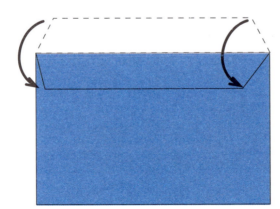

COLE A COLE B

ROMPECABEZAS

LA PECERA MÁGICA

MATERIALES
- LÁPIZ
- CINTA ADHESIVA

COMO HACER
- DESTACA LA PECERA DE ABAJO Y PEGA UN LÁPIZ CON CINTA ADHESIVA EN LA BASE DE LA PECERA.
- DESPUÉS, SEGURA EL LÁPIZ ENTRE LAS PALMAS DE LAS MANOS Y FRÉGALAS HACIENDO EL CÍRCULO GIRAR RÁPIDAMENTE.

LECCIÓN 2 - EM MI ESCUELA
- PÁGINA 117

LECCIÓN 3 - JUGUETES Y COLORES
- PÁGINA 119

LECCIÓN 5 – LAS MASCOTAS

- PÁGINA 123

LECCIÓN 6 – UN PASEO POR LA GRANJA

- PÁGINA 124

LECCIÓN 7 – CUERPO Y ALIMENTACIÓN

- PÁGINA 127

LECCIÓN 8 – UN PASEO POR LA CIUDAD

- PÁGINA 83

EL PATITO FEO

CUENTO DE HANS CHRISTIAN ANDERSEN
ADAPTADO POR AMANDA VALENTIN
ILUSTRADO POR ULHÔA CINTRA

ALUNO: ....
ESCOLA: .... TURMA: ....

ÉRASE UNA VEZ UNA LINDA MAMÁ PATA QUE HABÍA HECHO SU NIDO EN LA ORILLA DE UN LAGO LLENO DE ÁRBOLES Y OTRAS PLANTAS. BAÑADA DE SOL, LA MAMÁ PATA EMPOLLABA SUS HUEVOS. ¡QUÉ LINDOS ERAN LOS DÍAS DE VERANO!

YA ERA TIEMPO PARA QUE NACIESEN LOS PATITOS. AL FIN LOS HUEVOS SE ABRIERON UNO TRAS OTRO. LA MAMÁ PATA SE PUSO MUY CONTENTA.

POR FIN SE ROMPIÓ EL HUEVO Y LA PATA VIO LO GRANDE Y FEO QUE ERA:

—¡QUÉ PATITO ENORME! NO SE PARECE A NINGUNO DE LOS OTROS.

AHÍ COMENZARON LOS PROBLEMAS DEL PATITO FEO. TODOS LO TRATABAN MAL PORQUE NO ERA COMO LOS DEMÁS. NO RECIBIÓ MÁS QUE PICOTAZOS, EMPUJONES Y BURLAS. INCLUSO SUS HERMANOS Y HERMANAS LO MALTRATABAN DE VEZ EN CUANDO.

EL POBRE PATITO FEO SE SENTÍA MUY TRISTE. LLEGÓ UN DÍA EN QUE EL PATITO NO AGUANTÓ MÁS Y HUYÓ DEL LAGO. PERO, EN EL CAMINO, NADIE LO QUERÍA ACOGER PORQUE ERA DIFERENTE. ¡POBRE PATITO FEO!

EL PATITO SE SENTÍA CADA VEZ MÁS TRISTE Y SOLITO.
CIERTA TARDE, PASARON VOLANDO UNAS AVES DE CUELLO LARGO, MUY HERMOSAS. ERA LA PRIMERA VEZ QUE EL PATITO FEO VEÍA AVES TAN LINDAS. ERAN CISNES, PERO ÉL NO LO SABÍA.

UN DÍA EL PATITO VOLÓ HASTA UN JARDÍN CON UN GRAN LAGO EN MEDIO. DE REPENTE, VIO TRES HERMOSAS AVES BLANCAS QUE FLOTABAN CON ELEGANCIA EN EL AGUA. EL PATITO FEO RECONOCIÓ LAS AVES, ERAN AQUELLAS HERMOSAS AVES QUE HABÍA VISTO VOLANDO, Y DIJO:
—AMIGOS, ¿PUEDO ACOMPAÑARLOS?

EN SEGUIDA EL PATITO SE DESLIZÓ HACIA DONDE ESTABAN LOS CISNES E INCLINÓ LA CABEZA. SORPRENDIDO, VIO EN EL AGUA EL REFLEJO DE OTRO CISNE HERMOSO. ERA SU IMAGEN QUE SE REFLEJABA EN EL LAGO.

LOS TRES CISNES NADABAN A SU ALREDEDOR CON ALEGRÍA Y LO ACARICIABAN CON SUS PICOS.

EL PATITO FEO, QUE ERA EN REALIDAD UN CISNE, SE PUSO MUY FELIZ. ¡AL FIN HABÍA ENCONTRADO SU HOGAR!